I0111783

NOTICE HISTORIQUE

SUR

BEAUMONT-LÈS-VALENCE

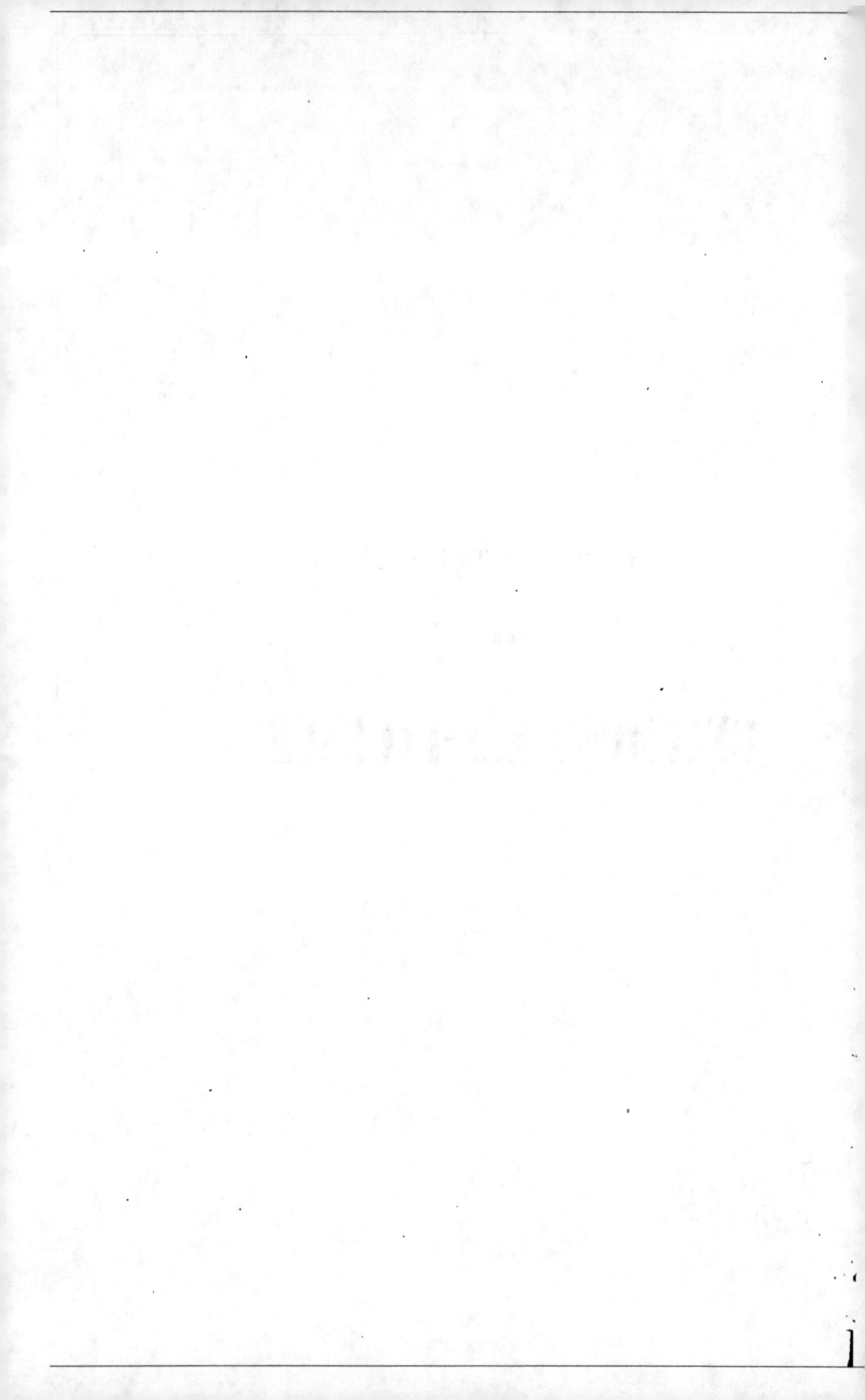

NOTICE HISTORIQUE

SUR

BEAUMONT·LÈS·VALENCE

(DROME)

Par l'abbé A. VINCENT

Membre de l'Institut historique de France et Chanoine honoraire du diocèse de Valence

Publiée sous le patronage de M. le PRÉFET et des membres
du Conseil général de la Drôme.

~~~~~~

VALENCE

IMPRIMERIE DE CH. CHALÉAT, RUE ST-FÉLIX.

1862.

NOTICE HISTORIQUE

SUR

BEAUMONT-LÈS-VALENCE

---◦❖◦---

CHAPITRE PREMIER.

Origine de Beaumont. — Fondation d'un prieuré de l'ordre de St-Benoit. — Sol défriché. — Construction de l'Eglise de Notre-Dame, principe d'agglomération. — Prieurs de Beaumont. — Leurs revenus, leurs charges. — Décadence du prieuré. — Clergé séculier. — Confrérie du St-Esprit. — Chapelle de Sainte-Eutrope.

Monuments, histoire, tradition, rien n'autorise à placer l'origine de Beaumont au-delà du moyenâge. Les débris d'une *villa*, sur le quartier de Laye, des vestiges anciens, des vases, des médailles accusent, il est vrai, le passage et la domination du peuple-roi ; mais, souvenirs d'une période féconde à laquelle veulent se rattacher presque tous nos bourgs, comme à un point de départ glorieux, ils ne sauraient impliquer nécessairement l'existence d'une colonie, d'un municipe ou d'un camp romain. Beaumont, en latin *Villa Bellimontis,* doit son appellation au gracieux aspect du monticule aux pieds duquel ils est assis. Le même site, les mêmes accidents de terrain ayant fait donner un nom semblable à un grand nombre de villages, les tabellions pour le distinguer de ses homonymes ajoutaient ces mots : *in pago Valentenensi,* ou, *in diœcesi Valentinensi,* en Valentinois. Peu soucieuse de flatter l'amour-propre local dans ses errements, la critique éloigne et repousse une fondation antérieure au onzième siècle, ou qui se lierait aux faits et gestes des romains. OEuvre du moyen-âge, sorti de ses aspirations, marqué au sceau d'une foi expansive et vivifiante, Beaumont eut une origine commune à beaucoup de villes et de bourgs ; son berceau fut une institution religieuse ; à l'ombre d'une croix, il naquit, se développa et prospéra.

Le second royaume de Bourgogne venait de se dissoudre, morcelé en autant de fractions qu'il y avait de feudataires, de comtes et de barons. Parmi ces hauts officiers, plusieurs couvrirent de leur épée et de leur munificence les intérêts des pays usurpés. Chez eux, l'ambition, une vie agitée, des habitudes guerrières n'excluaient point la grandeur et la noblesse des sentiments, ni la ferveur et l'empire des idées chrétiennes. Ils dotaient les abbayes, créaient des hôpitaux, octroyaient de vastes solitudes aux moines et, complices d'une révolution sociale, préparaient ainsi le défrichement et la culture de régions jusque là stériles et abandonnées. A une de ces donations, faites au profit de l'abbaye de Chaise-Dieu (1), remonte l'établissement d'un prieuré à Beaumont. Les religieux formant la colonie eurent tout d'abord à lutter contre ces obstacles dont seule triomphe une volonté persévérante (2). Agriculteurs, missionnaires et pionniers d'une civilisation nouvelle, ils répandirent autour d'eux le secret du bien-être physique et moral. Bientôt arrivèrent des familles cherchant un patronage assez fort pour les défendre. Mises en possession de lots territoriaux, sous de légères censes, elles contribuèrent à accélérer l'œuvre des Bénédictins. Remué, défoncé et planté d'arbres utiles, le sol prit cet aspect d'ani-

(1) Département du Puy-de-Dôme. Cette abbaye fut fondée en 1046.

(2) Voir une transaction datée de 1166 et relative à des démêlés avec Pierre de Montvendre, seigneur de Montvendre et de Beaumont.

mation que donne le travail. Des métairies cons-
truites çà et là proclamaient hautement les pacifiques
conquêtes de l'homme des champs sur une nature
inculte et désolée.

Cédant aux exigences multiples nées de leurs
obligations personnelles ou des besoins spirituels
d'une population croissante, les religieux transfor-
mèrent les bâtiments d'exploitation rurale en un vaste
édifice approprié aux exercices et aux charges de la
vie monacale. Une église de proportions harmonieu-
ses adhérait au cloître de la maison conventuelle;
en l'honneur de la Bienheureuse Vierge Marie elle
avait été dédiée. Peu d'années s'étaient écoulées, et
déjà l'administration des sacrements, l'assistance
des fidèles aux offices, leur sépulture autour de
l'église, attestaient la formation d'une paroisse
étroitement liée au prieuré, pour elle berceau glorieux, pour elle encore foyer ardent d'où émer-
gaient la lumière, le zéle et la charité. Artisans,
laboureurs, gens en quête d'une condition meil-
leure, étaient venus grouper là d'humbles man-
ses, sous le couvert d'une juridiction toujours
empreinte de douceur. D'abord lent et peu sen-
sible, le mouvement d'immigration alla progres-
sant, puis s'arrêta de lui-même en face d'une

agglomération pourvue de tous les éléments que demandait une existence simple et laborieuse.

A l'époque où fut construite l'église se rattache un vif intérêt; car la date de sa fondation jette un lumineux reflet sur celle du village de Béaumont. Les chroniqueurs se sont montrés avares de détails, à l'endroit du prieuré de Notre-Dame. Ils constatent son affiliation à l'abbaye de la Chaise-Dieu et mentionnent le nom de quelques prieurs; là se borne un témoignage vainement solicité. Pour saisir, malgré leur silence, et son origine et ses premières années, il faut recourir aux nobles vestiges de ce legs du passé, autrefois l'orgueil de nos aïeux. Le style même de l'église et du clocher nous révélera un secret jusqu'ici fuyant les plus minutieuses investigations. Dans le plan de l'édifice, dans l'ornementation des croisées, l'artiste voit, une à une, les inspirations architecturales du onzième siècle. Quelques parties du monument semblent, il est vrai, se rapprocher d'un style plus ancien; mais arguer de là à une construction antérieure, serait émettre une opinion bien vite rejetée.

Doués de qualités éminentes et forts d'une position que rehaussait l'éclat d'un beau nom, les prieurs de Notre-Dame acquirent une influence dont l'action ne fut pas étrangère au développement des intérêts matériels de Beaumont. Figurent parmi eux, Drodone de Sassenage en 1295, Odon de Sassenage en 1318, Hugues Arnulphe en 1331, Guillerme Bayle en 1405, Jancelme de Cabanes en 1446, Jean-Baptiste de Montcellard en 1474, Claude de Tournon, évêque de Viviers, en 1539, plus tard Charles de Villars et Charles de Lionne de Lessins. Une charge honorable leur incombait: c'était d'accompagner les évêques de Valence pérégrinant d'ici, de là, ou visitant les paroisses de leur diocèse (1) En dehors de nombreux tenements possédés par eux à Beaumont, à Monteléger, à Montvendre, à Etoile, à Upie, à Montmeyran, tenements représentant une contenance d'environ quatre-vingts hectares, ils levaient la dîme, à raison du trentième des grains et des fruits, sur le territoire de Beaumont et sur celui de Monteléger, son annexe. Prieurs du prieuré de Saint-Pierre et de Saint-Robert de Peyrus, ils étaient encore prieurs et co-seigneurs du Chaffal (2). L'église de Saint-

(1) Histoire de la maison de Sassenage. 29.

(2) Archives de la Préfecture.

Martin de Montéléger relevait d'abord du prieuré
de Saint-Pierre de Montmeyran; une bulle l'ayant
incorporée à celui de Notre-Dame, ils durent
pourvoir à la nomination et à l'entretien du
curé de cette paroisse (1).

Un prieur, un sacristain et deux ou trois
religieux composaient le personnel du couvent;
mais diverses causes altérant sa constitution primitive, en commende tomba le prieuré. Son domaine utile, ses droits, ses dépendances, on
les vit passer aux mains de cupides agents, pro-
cureurs d'un titulaire séculier et non soumis à la
résidence. Des évèques, des abbés, des chanoines
cumulaient ainsi des revenus considérables qu'ils
dépensaient loin de leurs bénéfices. Plus d'une
fois, l'exportation du vin et du blé de dîme souleva de fàcheuses récriminations. Organes vigi-
lants des besoins de tous, les consuls protestè-
rent contre un usage dont souffrait la consommation locale. De leurs griefs renouvelés surgit
un expédient qui, sans nuire aux prieurs, faci-
litait l'approvisionnement des denrées nécessaires
à la vie. Sous Claude de Tournon apparut en effet

(1) Dès le principe il n'y avait point de cimetière à Montéléger,
les morts étaient ensevelis dans celui de Beaumont.

une modification importante dans la jouissance
des dîmes et des revenus du prieuré de Notre-Dame.
Il aliénait, par un bail à ferme daté de 1537, l'u-
niversalité des produits de son bénéfice, moyennant une somme annuelle de 550 livres (1). La
rareté du numéraire donnait à ce chiffre une
valeur de nos jours équivalente à deux mille
francs; mais si on tient compte de la vingt-quatrième partie des dîmes réservée en faveur des
pauvres, de la portion congrue, due aux curés
les remplaçant dans leur charge d'âmes, de l'entretien du chœur et du mobilier des églises, que
restait-il à ces prieurs commenditaires issus presque tous de familles seigneuriales où ils avaient
puisé le goût du luxe et du confort? de là un
cumul de prébendes; de là une cause de décadence pour les prieurés.

Habité désormais par un seul religieux, le
sacristain, celui de Beaumont, végéta languissant
et obscur. Avec les prieurs s'en allaient ce prestige et cet éclat dont l'environnaient autrfois le sé-
jour et la présence des moines de la Chaise-
Dieu. Les dons et les legs passaient au clergé

---

(1) Archives de la commune.

séculier; lui ménagaient aussi d'abondantes ressources et la dotation de plusieurs chapelles fon-
dées dans l'église de Notre-Dame et le retour
fréquent des obits et des services mortuaires.
Il y avait deux prêtres choriers; leur assistance
aux funérailles valait, en 1555, un sol tournois;
celle du célébrant était tarifée à six liards (1). Le
vocable d'une chapelle témoignait de l'existence
d'une société alors très-répandue, la confrérie
du Saint-Esprit. Il appert d'une reconnaissance
faite en 1540, que celle de Beaumont possédait
des biens-fonds régis par des *bailes* ou recteurs.
Comme son but la vouait au service des malades et au soulagement des nécessiteux, l'Eglise l'en-
richit et la combla de faveurs; là est l'explication
de cette influence locale, de cette popularité qui
attirait vers elle hommes et femmes, gentilshom-
mes et manants. Libre dans ses allures expan-
sives, la piété des aïeux aimait à voir partout
le signe et l'expression de ses croyances religieu-
ses; elle les semait loin du sanctuaire, au milieu des champs. Là, c'était une croix; ici une
chapelle dédiée en l'honneur d'un saint vénéré.

(1) Archives de M. Massonnet, notaire.

Bâti sur une éminence, du côté de Montelèger,
l'oratoire de Sainte-Eutrope disait la foi du te-
nancier. Quand venaient les Rogations, quand
un fléau menaçait la campagne, il s'ouvrait à
une foule recueillie, demandant par l'intercession
de la glorieuse martyre, ou de tièdes ondées
ou les chauds rayons du soleil.

CHAPITRE II.

Beaumont, au point de vue politique et féodal. — Il appartient au seigneur de Montvendre. — Son incorporation au domaine temporel des évêques de Valence. — Suites de ce transport. — Construction des remparts. — Suzeraineté de Louis XI reconnue. — Droits seigneuriaux. — Municipalité. — Passage des *Routiers*. — Beaumont placé sous la sauvegarde du roi-dauphin. — Hôpital. — Population. — Commerce et industrie.

Au point de vue politique, Beaumont fut exempt de ces variations et de ces vicissitudes qui brisent la monotomie du récit et captivent du moins l'attention prête à s'égarer. Les annalistes n'ont pas conservé le nom de la puissante famille à laquelle échut son territoire, lors de la décomposition du second royaume de Bourgogne. Au milieu des convulsions intérieures, le succès payait l'audace, et la part du butin se mesurait à l'ambition. Montvendre et Beaumont relevaient d'une même et unique juridiction, lorsque en 1183, dernier rejeton de sa race, Humbert de Montvendre les remit à Odon, évêque de Va-

lence (1). Sous un pouvoir de sa nature pacifique
et débonnaire, les vassaux purent améliorer leur
condition et se préparer un avenir de bien-être.
Leur émancipation favorisée par l'octroi de franchi-
ses et de priviléges aurait marché plus rapidement,
si de fréquents conflits, entre les successeurs
d'Odon et les comtes de Valentinois, n'eussent ra-
lenti un travail d'enfantement partout révélé, partout se traduisant en heureux symptômes.

Avec l'esprit belliqueux des Poitiers et les forces
dont ils disposaient, avec leurs tentatives d'empiè-
tements, nulle était la confiance et nulle aussi la
sécurité. Les évêques déployaient toute leur énergie
à combattre un rival qui foulait aux pieds la justice
et ravageait leurs domaines. Protester de leurs
droits, dénoncer ces invasions brutales, c'était
quelque chose; organiser une défense proportion-
née à l'attaque, couvrir de murailles les bourgs
non fortifiés, c'était mieux. Les remparts qu'ils éle-
vèrent à Beaumont n'accusaient point un système de
protection complet; mais hérissés de créneaux et de
machicoulis, mais flanqués de tours, ils paraient,
à défaut de citadelle, aux éventualités d'un coup de

(1) De rebus gestis episc. val. par Columbi, 29.

main (1). Un accès de tout côté facile, une position sans accidents de terrain, il y avait là d'ailleurs pour atténuer la résistance même d'un château ou donjon. Au cri d'alarme : voici l'ennemi! pâtres, manants, laboureurs se réfugiaient dans l'enceinte, et, captifs d'un moment, attendaient inquiets leur délivrance et leur retour. De longue date façonnés à ces qui-vive, les habitants couraient aux portes et aux remparts, gardiens toujours actifs en face du danger.

Contre l'énergie épiscopale s'était usée la fougue des Poitiers ; chez eux se trahissaient la lassitude et l'épuisement, lorsque tout à coup fut fermée la lice aux champions. En 1419, le dernier des comtes de Valentinois léguait ses états au roi de France, stipulant qu'ils ne seraient jamais distraits du Dauphiné. Bientôt, Louis XI substituait au gouvernement par l'épée le gouvernement par l'idée, bientôt il inaugurait cette politique ombrageuse dont l'action, mêlée d'intrigue, d'astuce et d'habileté, subjuguait les seigneurs et triomphait des plus fiers barons. L'évêque de Valence, Louis de Poitiers, le reconnaissant pour suzerain, déclara en

_____

(1) Il est question de ces remparts dans un acte daté de 1333.

1450 tenir de lui, à titre de fiefs, Beaumont, Montvendre, Monteléger et l'universalité des terres qui
composaient son domaine (1).

Comparés aux charges et aux redevances sous les-
quelles pliaient ailleurs d'autres communautés, les
droits perçus à Beaumont nous révèlent un pouvoir
jaloux du bien-être de la population et lui sacrifiant
ses propres intérêts. Aux évêques appartenaient la
justice haute, moyenne et basse, les lods, les biens
en deshérence, l'aubaine, le plaict à merci, le ban
champêtre, la pêche, le four banal, les eaux, les che-
mins, les fossés, la place du *Resset*, le pont du *Car_t*
et le droit de règlementer les poids et les mesures. Le
vingtain partout levé au profit du fisc seigneurial,
ils l'avaient concédé aux habitants sous la réserve ex-
presse que cet impôt d'un vingtième des grains et des
fruits serait appliqué à l'entretien des remparts. Un
coup d'œil sur les formes, les tendances et les œuvres
municipales va nous donner le secret d'un état de
choses peu connu. Là, comme dans l'organisation
ecclésiastique et féodale de Beaumont on découvre les
aspirations, les usages et le mode d'existence de la
vieille société. Le territoire prenait le nom de man-

(1) Archives de la Chambre des comptes.

dement et l'agrégation des familles régie par une constitution spéciale, celui de communauté. Vouloir fixer
d'une manière précise l'époque où s'établit le régime
municipal, serait une illusion bientôt évanouie au
souffle d'une critique ayant conscience de l'histoire
et des tâtonnements de l'esprit humain, dans sa
marche vers la perfectibilité.

A deux officiers que nommaient chaque année les
notables incombait l'administration communale. L'un
sous le nom de consul moderne, gérait les affaires ;
l'autre, sous celui de collecteur, veillait à la péré-
quation et à la recette des tailles. Un conseil de sept
membres, dont deux au choix du premier consul,
assistait ce mandataire et fixait avec lui ou les dépenses ou les mesures d'ordre, de police et de sécurité. Les chefs de famille, tous les habitants ins-
crits au parcellaire, étaient appelés dans certaines
occurences, à délibérer. Sur la place du *Resset* avaient
lieu les réunions du conseil et les assemblées généra-
les ; elles se tenaient, en présence du capitaine châtelain, magistrat qui relevait du seigneur. A l'hôtel-de-
ville se rattachait encore un sergent et deux pru-
d'hommes jurés (1). L'autonomie et la libre action de

_____

(1) Archives de la commune.

la communauté s'étaient fait jour à l'époque des
routiers. Ces hommes de sang et de pillage incendiaient les bourgs, ravageaient les campagnes et
massacraient les tenanciers. Déjà circulait la terreur,
messagère de leurs forfaits ; déjà ils avaient envahi
une partie du Valentinois, laissant derrière eux la
mort, la solitude et l'angoisse. Les habitants de
Beaumont, de Montvendre et de Monteléger trem-
blaient pour leur territoire et à l'exemple de ceux de
Loriol, de Mirmande et d'Allex ils implorèrent le
secours du Dauphin. Un traité signé le 29 mars de
l'an 1396 les plaça eux et leurs biens sous la garde
du roi, à la charge par ces communautés de lui
fournir cent hommes d'armes pendant un mois (1).

La justice était rendue sur les lieux mêmes, au
nom des évêques de Valence, hauts justiciers dans
leurs terres. Un juge, un lieutenant, un procureur
et un greffier composaient ce tribunal d'abord investi
d'une omnipotence peu à peu amoindrie.

La judicature de Beaumont fut supprimée dès le
commencement du dix-septième siècle et sacrifiée
aux exigences d'une centralisation qui absorbait les
justices locales au profit du bailliage épiscopal.

(1) Id. de la chamdre des comptes. — Histoire du Dauphiné, par
Chorier, tome 2, 394.

Deux établissements de charité désignaient la part de bien-être faite au malheur et à la souffrance. L'un était une *maladrerie*, asile pour les *ladres* ou les lépreux ; l'autre, situé dans l'enceinte du village, portait le nom d'hôpital. Des terres, des pensions, la vingt-quatrième partie des dîmes, de nombreux legs assuraient le budget des malades et des nécessiteux. Depuis les guerres de la réforme végétait l'hôpital spolié, ruiné, attendant un décret de vie ou de mort. En 1669, de la base aux combles, tout respirait l'abandon, et vainement le curé sollicitait la reconstruction du toit. Louis XIV épargna bientôt à la municipalité ces frais et ces réparations devant lesquels d'année en année, reculait son mauvais vouloir. Un édit de 1693 réunit à l'hôtel-Dieu de Valence les biens de l'hôpital et de la *maladrerie*, lui imposant toutefois les charges des fondations. Le mot *terre de l'hôpital* couché dans un vieux parcellaire, une tradition vague et confuse, voilà ce qui reste aujourd'hui pour témoigner d'une institution venue des aïeux.

Les notions les plus élémentaires de la statistique, le dénombrement de la population, ses moyens d'existence, l'industrie, les arts, de tout cela les chroniqueurs n'ont rien dit. D'un document sauvé de la destruction, un peu de lumière va sortir ; il a trait à une assemblée générale tenue en 1548. Le tabellion certifie que les assistants formaient la grande majorité ; ils étaient soixante, tous chefs de famille, tous taillables. Si on élève à un quart le nombre des absents, la population était d'environ quatre cents habitants. Un foulon et des métiers à tisser les draps révélaient l'action d'une industrie timide et bornant ses opérations aux exigences de la consommation locale. En été chômait la fabrication, tous les bras quittant la navette pour le hoyau. Les produits des champs s'écoulaient à Valence ou à Beaumont dont les foires étaient fixées dès l'origine, l'une au troisième jour de novembre et l'autre à la fête de l'Invention de la Sainte Croix.

Sources du bien-être physique et moral, l'hôpital, le conseil des notables, la judicature, les établissements religieux constituaient une barrière aux passions du dedans ; mais leur influence ne pouvait rien contre les ennemis du dehors. A la sécurité venaient en aide et la milice et une enceinte de murailles. L'étage ou le couronnement de la *Grande-Porte* ressemblait à une tour carrée, munie de tous les engins propres à défendre l'accès du village. Là, étaient déposées les archives de la communauté ; là, aux jours de crises et d'agitations veillaient les hommes du guet. La fontaine de *Notre-Dame*, le cimetière à l'entour de l'église, l'hôtellerie de Notre-

Dame, des carrefours, la rue publique ou *Charrière* aboutissant au portail, puis les rues du *Barri*, des *Osches*, de la *Draperie*, puis des ruelles débouchant sur les grandes artères, tels étaient les points saillants qui découpaient l'intérieur.

CHAPITRE III.

Beaumont, durant le moyen-âge, ne fut exempt ni de troubles, ni de misère et d'anxiété; mais il avançait, et ses généreux instincts triomphant des obstacles, il était parvenu à conquérir une position forte au sein de laquelle il s'endormait, confiant dans l'avenir. Soudain retentit en Dauphiné comme le bruit d'un orage grondant au loin; d'inquiétantes rumeurs circulaient; les apôtres d'un culte nouveau jetaient, d'ici, de là, avec d'injurieux pamphlets, un levain de discorde, de haine et d'hérésie. Martin Luther, père des protestants, mourait en 1546. Catholique, prêtre et religieux de l'ordre de Saint-Augustin, il avait renié sa foi, son caractère et ses vœux monastiques, les sacrifiant à un orgueil blessé. Le libre examen qui fut son point de départ dans la querelle sur les indulgences, le rejet de toute autorité en matière de doctrine, une humeur violente et emportée, le conduisirent insensiblement à combattre et à repousser le culte des saints, la confession, le purgatoire, les mortifications corporelles et plusieurs dogmes naguère crus et prêchés par lui. A son œuvre il donna le nom de réforme; à son œuvre concoururent la cupidité, l'ignorance et les basses passions de quelques princes Allemands auxquels il permettait le sac des monastères, le pillage des églises et la polygamie.

Le fougueux novateur s'était plu à déchaîner les vents; il recueillit les tempêtes, et ses disciples n'attendirent point qu'il fût mort pour attaquer son symbole. Lui vivant, ils rompirent avec ses enseignements et devinrent les chefs d'autant de sectes et d'églises séparées. Célèbre entre tous, Jean Calvin fit table rase des leçons du maître et s'arrogea la mission d'imposer, lui seul, des règles à la foi. Son ouvrage intitulé : *l'Instruction chrétienne*, souleva autour de lui de violents conflits. Au camp des réformateurs régnaient la confusion et l'anarchie; de tout côté, lui arrivaient de sanglants démentis ; de tout côté, la logique lui réservait le même châtiment qu'à Luther. Il modifia sa doctrine et réussit à faire accepter un formulaire de croyances négatives, dans la ville de Genève où il mourut le 27 mai de l'an 1564.

Il y laissait une Eglise empreinte de son image, cimentée par le sang de Servet et fondée sous le couvert d'un despotisme à la fois politique et religieux. De l'Allemagne et de la Suisse, la réforme s'implanta en France. Une propagande active inondait le Lyonnais et le Dauphiné de brochures et de libelles cachant la dogmatique des novateurs. Plusieurs édits firent rebrousser chemin aux émissaires de Calvin; mais les discours et les livres restaient, mais l'ivraie jetée clandestinement restait aussi, alors que fuyait le semeur. Valence, Romans, Montélimar et Saint-Paul-trois-Châteaux furent de bonne heure exploités; là, dans l'ombre et le mystère, d'imprudents adeptes attisaient, peut-être à leur insu, ce foyer d'où allait sortir un incendie dévorant (1).

Enhardis par le nombre et lassés des obstacles mis à la satisfaction de leurs instincts, ils donnèrent bientôt la mesure de leur audace en pillant les églises et les couvents. Que de ruines, que de sang versé

(1) Vie de Calvin, par Audin.

eussent été épargnés à nos contrées si la politique
n'avait point tendu la main à cette poignée de factieux et de mécontents? elle les arma, leur remit un
drapeau avec des chefs, puis montrant nos riches
abbayes, nos bourgs, nos villages, elle leur dit :
courez sus et périsse la religion catholique, périsse
la population des villes et des campagnes plutôt que
ma cause, à moi ! La cause de ces ambitieux titrés,
c'était de supplanter le duc de Guise à la cour ; c'é-
tait une part d'influence et de crédit refusée à leurs
intrigues. Partisans de Condé, du roi de Navarre
et de Coligny, ces puissants rivaux de la maison
de Lorraine, Charles Dupuy, seigneur de Montbrun,
Des Adrets et plus tard Lesdiguières se battent pour
eux et pour eux ravagent le Dauphiné. De leurs conquêtes sort l'établissement du Calvinisme dans les
Baronies, le Diois et le Valentinois. Partout, où flot-
tait leur bannière, s'organisait un prêche, une église
réformée ; partout, où leurs armes avaient le dessus, ils chassaient les prêtres, incendiaient les édifi-
ces religieux, s'emparaient des biens ecclésiastiques
et proscrivaient l'exercice du culte catholique. La
crainte, les violences, les mauvais traitements, honteux auxiliaires pour qui les emploie, poussaient
hommes et femmes, vers un ministre improvisé, hier
soldat, ou artisan, ou moine étouffant sous le froc,

et aujourd'hui docteur, apôtre et théologien. Pâle reflet des événements qui signalèrent l'introduction de la réforme en nos pays, ces réflexions nous expliquent le changement dont furent victimes Beaumont, Montmeyran et tant d'autres communautés.

Déjà, aux erreurs de Calvin, à l'appât d'un culte facile et accommodant, s'était laissé prendre une minorité secrètement initiée. Ses aspirations haineuses et perturbatrices, elle les mit au jour, en 1559, en 1560 et en 1561, marquant chacune de ces années par le sac et le pillage de l'église de Notre-Dame (1). Ainsi préludait la réforme au sein d'une population croyante et nourrie de la foi des aïeux. La certitude d'une répression aurait tout d'abord calmé la stupeur et l'effroi qu'excitaient ces désordres ; mais les faits du dehors protégeaient les coupables et leur assuraient le bénéfice de l'impunité. De graves dissentions troublaient Valence, lorsque parut, suivi d'une forte armée, le baron Des Adrets, alors transfuge du parti catholique et le plus ardent soutien de Condé. C'était le 25 avril de l'an 1562 ; ses récents exploits à Lyon, à Vienne, à Tain et à Tournon, gage de la domination future des huguenots dans Valence

(1) Archives de la commune.

et aux environs, faisaient craindre aussi la répétition des mêmes scènes d'horreur et de carnage. Un détachement de ses troupes vint à Beaumont, se rua sur l'église et le prieuré, les saccagea de fond en comble, détruisit les archives, et n'ayant plus rien à briser et à profaner, recourut au feu, cet agent de la barbarie, de la haine et des passions en délire (1).

Quand tomba la rage, quand des tourbillons de poussière et de fumée laissèrent voir son œuvre, restaient de l'église, les murs calcinés et les seules voûtes absidiales, du prieuré, un tas informe de décombres, du clocher, une tour découronnée et mutilée. Ces monuments qu'abattait une soldatesque effrénée, au nom et pour la gloire de Calvin, ils pouvaient être relevés un jour ; mais d'autres ruines allaient se faire, et celles-ci devaient subsister longtemps encore, comme une révélation des écarts où même la négation de toute autorité. Apostat de la veille et néophyte zélé, le baron convertit une maison en temple, exigea une profession immédiate du culte réformé, puis enjoignit aux habitants des paroisses voisines de se rendre à Beaumont (2). Cet or-

(1) Id. — Histoire du Dauphiné, tom. 2, 557 et suiv.

(2) Cette maison était sur la place appelée depuis *Place du Temple*.

dre les glaça de terreur , car pour obtenir leur abju-
ration , ils n'ignoraient pas que le fougueux sectaire
avait à son service et le fer .et le feu. Un incident
providentiel les arrache tout à coup à leurs angoisses;
c'était le départ subit de Des Adrets s'acheminant vers
le Bas-Dauphiné et le Comtat. La procession qui se
fait à Etoile et à la Vache , le jour de Pâques , est
un souvenir de ce douloureux épisode de l'histoire
locale. D'après une tradition constante et partout vi-
vace , elle fut établie en mémoire de la double délivrance du pays ; noble et sainte origine dont la pen-
sée réveille chaque année de patriotiques et religieux
sentiments.

Malgré son importance au point de vue stratégique,
Beaumont est tout d'abord condamné à un rôle pas-
sif. Loger des troupes de passage, fournir d'onéreux
subsides, aider aux communautés voisines surchar-
gées par l'entretien des gens de guerre , là , se résu-
ment ses annales pendant une longue période d'agitations et de luttes fratricides. Quelle que fût la gêne
imposée par tant de sacrifices, à la longue, elle pouvait
s'atténuer et disparaître ; mais l'abandon de la religion catholique , la division et les remords assis au
foyer, mais la voix des aïeux accusant d'infidélité
leurs petits-fils , mais l'erreur prêchée non loin d'une
église solitaire et déserte, tout cela constituait une

plaie, un état de souffrance appelant un prompt remède. L'union et l'énergie, qui sauvent aux jours de crise firent défaut à un moment décisif. L'absence de Jean de Montluc, évêque de Valence et seigneur du lieu, livrait le troupeau aux mercenaires et aux loups, sans appui, sans protection et sans défense. Cet éloignement ne doit-il pas être rangé parmi les causes dont l'influence empêcha la population de revenir sur un acte entaché de violence et d'intimidation? Le plus grand nombre laissant faire et se croisant les bras, il devint facile aux meneurs d'organiser le culte nouveau, de créer une municipalité vendue à leurs intérêts et de rompre avec les traditions du passé. L'habitude, l'inertie et les préoccupations du dehors consommèrent bientôt un changement d'abord entouré de répulsion. A une faible minorité vivant éparse et habitant la campagne, il était réservé de garder courageusement le dépôt des anciennes croyances. Traités en parias, mis hors la loi, ces laboureurs, ces tenanciers catholiques ne purent rien obtenir jusqu'en 1598, d'une administration intolérante et sourde à leurs besoins. Tout le village pratiquaient le culte réformé, ils n'avaient ni prêtres, ni service religieux, ni représentant au conseil. Pendant quarante années, l'église offrit le désolant spectacle d'un édifice sans toiture, enseveli et caché sous ses

propres décombres. Assister à la célébration des
Saints mystères, prier là où tous priaient avant Calvin, avant Des Adrets, soumis à une même foi, con-
solés, instruits par un même pasteur, le mauvais vouloir des huguenots s'y opposait, et attendre d'eux un
peu de liberté, eût été méconnaître leurs sentiments.

Un édit de pacification publié en 1563, le voyage
de Charles IX à travers le Dauphiné et la Provence,
la lassitude et l'épuisement firent mettre bas les armes
aux deux partis. Le roi vit les chefs, tenta un accord
durable et n'omit rien afin de conjurer le retour des
hostilités; mais ses projets conciliateurs devaient
échouer contre l'intrigue, les passions et l'entête-
ment. La guerre éclata de nouveau; de nouveau, catholiques et réformés s'arrachaient la possession de
nos bourgs. On ne voyait que ruines, que campagnes
incultes et derrière les discordes civiles, le fléau de
la disette. La part de Beaumont à ces convulsions intérieures nous est révélée, et par son voisinage d'É-
toile, de Chabeuil et de Valence, et par la mesure
dont il fut l'objet en 1568. Le lieutenant du roi, de
Gordes exposa au parlement du Dauphiné les inconvénients qui résultaient de l'existence d'un grand
nombre de places. Les garder, c'était éparpiller son
armée; les évacuer, c'était laisser aux factieux un
asile et un refuge. Beaumont était signalé comme un

poste à démanteler ; l'absence ou le silence des mémoires contemporains ne nous permet pas d'indiquer avec certitude, si le décret fut mis à exécution, ou si le démantellement des fortifications du village s'accomplit postérieurement à cet ordre (1).

Ouvert ou muni encore de remparts intacts, Beaumont ne resta pas étranger aux chocs des combattants. Sa position le mêlait au drame et plus d'un engagement eut lieu sous ses murs. Un régiment de suisses était venu l'occuper en 1574 ; la garnison de Livron flairant un succès arrive brusquement et pénètre dans l'enceinte avant même qu'un seul cri d'alarme eût été poussé. Surpris, déconcertés, les Suisses courent aux armes, arrêtent les assaillants, se battent corps à corps et luttent avec l'énergie du désespoir. Chaque maison, chaque rue est le théâtre d'un siége et d'une scène de carnage. Tous ou presque tous succombent après avoir fait payer chèrement leur vie. Quand chargés des dépouilles de l'ennemi se retirèrent les huguenots de Livron, l'intérieur du village présentait l'aspect d'un champ de bataille ; partout du sang, des cadavres, des armures brisées ; partout le désordre et la confusion. Témoins de cette boucherie, les habitants

(1) Histoire du Dauphiné, tom. II, 625.

3

faisaient des vœux pour leurs coreligionnaires ; mais ce sentiment de préférence n'allait point jusqu'à étouffer chez eux les égards et les sympathies dus à l'infortune et au malheur (1).

Cet échec porta le deuil au sein des troupes royales ; mais l'année suivante, l'âme et le soutien des calviniste du Dauphiné, Montbrun, était battu, capturé à Mirabel (2) et conduit à Grenoble où il expiait sur un échafaud la gloire de sa rébellion. Depuis quatre cents ans, la châtellenie de Beaumont relevait du domaine des Evêques de Valence ; Jean de Montluc cédant à l'empire des circonstances, l'aliéna en faveur de Jean Châtelier, moyennant une somme de quatre mille dix livres. L'acte d'investiture, passé le quatre février de l'an 1577, renfermait une clause de rachat, plus tard mise à profit ; car la seigneurie avait fait retour à l'église de Valence dès l'an 1665. Rien n'accuse l'influence des Châtelier ; ils percevaient leurs droits, nommaient le châtelain, mais ne tentèrent aucun effort pour changer la direction politique et religieuse de leurs vassaux (3).

(1) Recueil de choses mémorables sous le règne de Charles IX, de Henri III etc., page 528.

(2) Près de Crest.

(3) Archives de la chambre des comptes. — Columbi.

Dans l'arène tombaient et se redressaient les champions; vainqueurs ou vaincus, leur attitude semblait présager une lutte sans fin. Cependant en prévision d'une éventualité menaçant le catholicisme, s'était naguère formé un troisième parti devenu célè-bre. Les ligueurs recrutent des généraux, gagnent des parlements, enlèvent aux calvinistes leurs meilleu-res places et couvrent le Dauphiné d'un réseau d'as-sociations. Lesdiguières résiste vaillamment pendant quinze années; mais l'enjeu du combat lui échappe. Bourgs, villes et forteresses passent aux mains de ces nouveaux adversaires. En 1595, la présence à Beau-mont d'un régiment de quatre cents hommes com-mandés par le capitaine La Rollière, témoigne de leur sollicitude à contenir les petits postes mêmes où ils savaient exister des éléments d'opposition (1). Les conquêtes de la Ligue, l'affaiblissement du parti réformé, la guerre réduite et moins intense, la lassitude et le malaise, tout faisait conjecturer un dénoûment prochain. Les convulsions touchaient à l'agonie, lorsque Henri de Navarre devenu Henri IV désarma lui-même amis et ennemis. Rentré dans le giron de l'Eglise catholique, il octroya aux Calvi-

(1) Mémoires d'Eustache Piémont.

nistes des priviléges jusque là vainement sollicités. L'édit de Nantes, publié en 1598, consacrait pour eux le libre exercice de leur culte, l'admission aux charges civiles et la jouissance d'un certain nombre de places de sûreté.

CHAPITRE IV.

Situation des catholiques. — Synodes. — Consistoire de Beaumont.—Peste en 1629 et en 1650. — Charges communales. — Rétablissement des foires. — Soulèvement des huguenots. — Emigration des réformés. — Prédicants. — Réparations à l'église. — Miliciens. — Budget et population. — Etat actuel. — Topographie.

A l'apaisement des troubles succède un bien-être général et, libres de toute pression étrangère, rendues au sentiment de leur position et de leurs besoins, les communautés sondent leurs plaies pour les cicatriser une à une. Partout usées et consumées, les forces vitales se renouvellent et s'épanouissent, circulant dans toutes les parties du corps social. Le mouvement réparateur n'eut point un égal essor, là où régnaient des divisions, là où dominait l'hérésie. A Beaumont, l'arbitraire pesait comme un joug sur une minorité fidèle à travers les épreuves. Loin d'améliorer sa condition, l'édit de Nantes fortifiait ses oppresseurs en sanctionnant des avantages

pour eux depuis longtemps saisis. Renégats du passé
et fervents adeptes du culte nouveau qu'émancipait
Henri IV, les habitants du village s'étaient donné
un ministre salarié et un consistoire dit de *l'église
réformée*. Seuls au conseil, seuls exerçant les charges consulaires, ils refusaient la plus minime
allocation pour relever l'église de Notre-Dame et
l'approprier au service religieux. Avec la morgue de
ces parvenus qui jalousent les vieilles races blason-
nées, ils laissaient périr ce monument d'une autre
foi, ce témoin accusateur déposant contre eux et
contre leur origine. Mais l'intervention légale du
syndic des forains venant en aide aux catholiques,
la partie orientale de l'église fut rendue au culte des
aïeux. Un toit, un chétif mobilier, une enceinte
rétrécie et séparée du côté occidental encombré, tel
apparaissait le sanctuaire où de pieuses familles de
la campagne, bravant les menaces et les dédains,
renouaient la chaîne des traditions. Un caractère
d'insuffisance et de provisoire marquant cette réparation, elle n'assurait que les exigences du moment ;
aussi voyons-nous, en 1665, la toiture tombée et la
désolation de nouveau assise au lieu saint. Entre les
mains de titulaires absents, le prieuré ne devait
jamais recouvrer son ancienne splendeur. La présence du sacristain, moine de la Chaise-Dieu, logé

au milieu des ruines, le rattachait encore à la maison-
mère ; ce faible lien fut brisé, en 1772, par l'union
des biens de la sacristie à ceux de la cure et la substi-
tution d'un prêtre séculier remplaçant le bénédictin,
sous le nom et la charge de vicaire (1).

La haine, les passions, l'antagonisme étouffaient
le rôle et l'action du clergé ; le seul indice de son
existence pendant le dix-septième siècle, c'est un
document révélateur des tracasseries dont il était
l'objet ; c'est une voix sans écho denonçant le piteux
état de l'église, c'est un arrêt du parlement qui oblige
la communauté à restituer aux catholiques les vases
sacrés et le mobilier soustraits par les huguenots,
soit avant, soit après l'expédition du baron Des
Adrets. Moins avares de détails, moins silencieuses
à l'égard du prêche et du consistoire, les archives
témoignent de la liberté et des faveurs du culte réformé. Dans presque tous les synodes tenus à cette
époque, et ils étaient nombreux, figurent les ministres de Beaumont (2). La nécessité de parer aux dé-
sertions, aux dissidences et au relâchement, rendait
fréquentes en Dauphiné ces conférences de pasteurs
sans chef et sans symbole, mais unis quand il fallait

(1) Archives de la commune.

(2) Leurs frais de voyage étaient payés par la municipalité.

calomnier, dénigrer et combattre l'Église romaine. Il y en avait eu à Saint-Marcellin, en 1619, à Romans et à Beaurepaire, en 1620, à Die, en 1621, à Pont-en-Royans, en 1622, à la Mure, en 1623, à Bourdeaux, en 1624. Au synode convoqué à Valence en 1627 et où parurent Félix, ministre de Romans, Cuchet, ministre de Châteaudouble et La Colombière, ministre de Montélimar; Abram, ministre de Beaumont, sollicita les lumières et l'autorité de ses collègues pour supprimer et détruire certains abus de son consistoire. Plusieurs calvinistes fuyaient le prêche, quelques-uns menaient une vie scandaleuse; il signalait encore des jeux immoraux et les *abbayes de Maugouvert* (1). Noble Sidrac des Isnards, seigneur d'Odiffrey, sanctionna et approuva les conclusions, en vertu de son titre d'*ancien* du consistoire. Relevaient de ce consistoire avec leurs familles, cent cinquante-cinq personnes de Beaumont, cent dix-huit de Montmeyran, dix de Montoison, vingt et une de Monteléger et six d'Etoile. Un arrêt du conseil du roi daté de 1629 ayant interdit aux réformés la sépulture dans le cimetière des catholiques, les consuls achetèrent une parcelle de terrain sise au

---

(1) Scène burlesque et souvent licencieuse dans laquelle figuraient des époux en querelle.

quartier des *Oches*. Là, généralement furent pratiquées les inhumations ; souvent aussi, le jardin, le
champ du défunt recevait ses dépouilles ; triste
usage condamné par nos mœurs et que tolérait un
culte manquant d'unité, même après la mort (1).

Vers la fin de l'année 1628 éclatait la peste ; ses
ravages mirent en émoi toutes les communautés du
Dauphiné. La clôture des bourgs, l'isolement des
malades, les *conseils de santé*, telles étaient les
barrières qu'on opposait au fléau destructeur. Sa
présence à Valence et à Monteléger, les registres
municipaux la constatent ; mais ils ne renferment
aucun incident propre à nous éclairer sur l'éten-
due des pertes de la communauté et sur le nombre
des victimes enlevées pendant ces jours de crise et
d'abattement. La contagion avait disparu, laissant
en chaque foyer la solitude et le deuil ; déjà ten-
dait à l'oubli le souvenir de ses ravages, lorsqu'en
1650 de sinistres rumeurs vinrent exciter de nouveau l'alarme et l'anxiété. Au premier bruit de sa
réapparition en des contrées lointaines, les habitants
s'armèrent comme à l'approche de l'ennemi ; ils veillaient nuit et jour, à tour de rôle, aux portes du

(1) Archives de la commune.

village, écartant sans pitié hommes et choses, soup-
çonnés de provenance étrangère. Mais la peste n'a-
vançant point, ils renoncèrent à une précaution de-
venue inutile (1).

Depuis un siècle, Beaumont luttait avec énergie
pour ne pas succomber sous le poids des charges que
lui imposaient le logement et l'entretien des troupes
de passage. Des comptes rendus par les consuls ressort un état de gêne s'aggravant chaque année; les
tailles succédaient aux tailles, les emprunts aux emprunts. En 1658, la communauté devait 49,990 livres, et ce lourd fardeau allait croissant, malgré le
dévouement d'une population toujours prête au sacrifice, toujours prodigue de ses sueurs et de ses
épargnes. L'espoir d'un meilleur avenir la soutenait;
mais devant elle fuyait le bien-être, ce fantôme
longtemps poursuivi et ne se laissant jamais attein-
dre. En comparant le tableau des dépenses locales à
celui des dépenses extraordinaires, on entrevoit
quelle somme d'aisance elle eût pu acquérir, si les
agitations du dehors, calmées et assoupies, l'eussent
livrée à elle-même et à ses propres instincts. Les
gages de précepteur de la jeunesse, à trois francs

(1) Archives de la commune

par mois (1) ; ceux du garde des fruits, à vingt
francs par an, le cierge pascal coûtant six livres, le
logement du curé, l'entretien des passerelles,
c'était là les charges du budget ; elles arrivaient à
un total de deux cents livres. Les ressources consis-
taient dans les revenus du vingtain, qui en 1603
produisait quatre cent quatre-vingts livres. Ce droit
ayant été délaissé, le fisc municipal battit monnaie
sur l'emplacement des fossés qu'aliéna en 1669
monseigneur de Cosnac. Une redevance annuelle
grevait toute concession de parcelles, et la concession revêtait la forme d'un arrentement. Industrieux
à créer des recettes, prévoyants à l'encontre des
usurpations du domaine public, les consuls ne devaient point faillir dans leur mandat vis-à-vis de
l'hygiène et de l'alimentation. Un règlement daté de
1678 fixe ainsi le prix de la viande : le mouton, la
brebis et le veau, un sol, six deniers par livre depuis Pâques jusqu'à la fête de la Madeleine; depuis
cette fête jusqu'à Noël, le mouton et le veau se ven-
daient deux sols, et le bœuf un sol, six deniers. Le
ban de la boucherie s'ouvrait la veille de Pâques et

(1) D'après un ancien usage, trois élèves étaient admis gratui-
tement.

finissait au dimanche des Rameaux de l'année suivante (1).

De généreux efforts furent également tentés, pour
rendre aux foires du trois mai et du trois novembre
leur ancienne animation. Les étrangers avaient dé-
sappris le chemin de Beaumont, et les habitants de
la campagne ne montraient eux-mêmes aucun em-
pressement. Escortés d'amendes et de primes, les
avis, les injonctions triomphèrent un moment de
l'apathie; mais la confiance ne s'achetant point,
ces expédients demeurèrent sans résultat. Divers
obstacles s'opposèrent à la réalisation d'une entre-
prise si éminemment utile. Le soulèvement des calvinistes entrait pour beaucoup dans ce marasme où
végétait l'agriculture; il nuisait au commerce des
bestiaux, et par-là même entravait le bon vouloir
des propriétaires presque tous forains. Les plus riches métairies dépendaient alors de la noblesse, du
clergé et d'illustres familles de nos jours éteintes.
En interrogeant le vieux parcellaire, nous trouvons
un des Alrics de Cornillane, seigneur de Rousset,
un Pierre de Castellane, sieur de la maison-forte de
Chirac, un d'Espinchat, sieur de Tagenas, un

(1) Archives de la commune.

Charles d'Arbalestier, seigneur de Montclar, un Charles de Gelas de Libéron, seigneur d'Upie, un Antoine de Lattier, un d'Esparron, un d'Odiffrey, un de Claveyson, un de La Forest, un de Chessillane, l'abbaye de Saint-Ruf, la commanderie de Saint-Vincent et le chapitre de Saint-Apollinaire (1).

Étouffés, puis renouvelés, les troubles des Cévennes réveillaient en Dauphiné l'écho de passions mal assoupies. A la voix de fougueux émissaires prêchant la guerre et l'insurrection, les huguenots s'arment et, désertant leurs foyers, se réunissent dans la vallée de Bourdeaux, point de ralliement assigné aux mutins. Partout éclataient des symptômes d'agitation ; partout couvait une explosion générale. Le maréchal de Saint-Ruth dissipe en 1682 un fort attroupement, et du Diois il va par-delà le Rhône, entre Charmes et Beauchastel. Ces tentatives d'un parti remuant, inquiet, tourmenté, mettant ses instincts de haine et d'insubordination au service des intrigants, l'autorité en vit le danger. Elle cantonna des troupes sur les lieux menacés, restreignit l'influence locale des huguenots, et aux rigueurs militaires joignant bientôt les rigueurs ad-

(1) Archives de la commune.

ministratives, confisqua, une à une, les concessions
dont ils abusaient (1).

Les phases qui suivirent ou précédèrent l'applica-
tion du système adopté par Louis XIV, afin de ra-
mener les dissidents à l'unité politique en les rame-
nant à l'unité religieuse, on les voit se réfléter à
Beaumont. Dès l'an 1683, il était d'abord prescrit
à la communauté d'exclure les réformés du consulat.
Précurseur d'ordonnances plus sévères encore, cet
arrêt jeta la population dans un grave embarras ; il
lui répugnait de nommer, soit un forain, soit un
habitant de la campagne, et le village comptait une
seule famille catholique. Deux ans venaient à peine
de s'écouler, lorsque au mois d'octobre parut la révocation de l'édit de Nantes ; or cette révocation en-
traînait la fermeture du temple et de l'école, l'inter-
diction du culte calviniste, la perte enfin d'une existence officielle donnant entrée aux charges civiles et
honorifiques. Devant la force brutale, devant les
moyens correctifs dont fut entouré l'exécution du
décret, plièrent les habitants ; mais l'irritation mal
contenue au fond des âmes, des conseils imprudents,
des paroles haineuses, la firent déborder. Un exil

(1) Histoire des guerres civiles du Vivarais, 373.

volontaire avec ses douleurs et ses privations semblait aux exaspérés l'unique planche de salut, après
le naufrage de leurs libertés. Sortirent de Beaumont
et passèrent la frontière cent vingt et un réformés,
dont soixante hommes ou jeunes gens et soixante et
une femmes ou filles. Douze émigrés seulement
laissaient quelques biens; le reste était pauvre,
vivant d'un travail journalier. La misère et la ré-
flexion ne tardèrent point à calmer ces cœurs aigris,
victimes d'une aberration momentanée. Trente-huit
exilés reprenaient, dès l'année suivante, le chemin
de la patrie (1).

Une compagnie de dragons s'installait au village
le 22 mai de l'an 1686. La présence de ces missionnaires bottés, logés et nourris aux frais des habitants, constituait un fardeau qui, s'aggravant de
jour en jour, pesa, on ne saurait le nier, sur l'abju-
ration d'un certain nombre de familles. Leur retour
à l'Église catholique, leur soumission aux édits
royaux, n'étaient point dégagés d'une contrainte
morale à laquelle cédaient leurs préjugés, leurs
erreurs et leurs habitudes. Des lettres, des suppli-
ques, des voyages, témoignent de la sollicitude du

(1) Archives de la commune.

consul pour éloigner les dragons; mais vaines furent ses instances auprès de l'intendant du Dauphiné. Mieux accueilli de l'évêque de Valence, il en
obtint sinon le retrait de la garnison, du moins
l'envoi de deux Récollets, faveur qui le conduisait
au but. Animés d'un zèle et d'une prudence à la
hauteur de leur tâche au milieu des nouveaux convertis, les religieux employèrent la douceur, la persuasion, exposant clairement et simplement le
dogme catholique. Bientôt dans les consciences
pénétra la lumière; les réformés donnant tous ou
presque tous des gages de retour à l'Eglise, l'autorité rappela les dragons. Cependant, comme elle ne
se faisait point illusion sur leur persévérance, elle
les écarta du conseil en 1687, et, de son côté, le
marquis de Chabrillan, gouverneur du Valentinois,
leur intimait la défense de porter ou d'avoir des
armes(1).

La période où venait d'entrer le protestantisme
motivait cette rigueur à Beaumont même; car non
loin fermentaient les esprits. Connue sous le nom
de *Bergère de Crest*, mais née au village de Saou,
Isabeau Vincent déclamait contre les convertisseurs

(1) Archives de la commune.

et les convertis, poussait à la révolte, et, se disant messagère du ciel, prophétisait à de naïfs auditeurs la délivrance d'Israël et la ruine de Babylone. Ses extases, ses dons de prophétie, ses convulsions passèrent à de nombreux adeptes. Des montagnes du Diois à celles du Vivarais, des vallées aux plaines s'étendit la manie de prophétiser. Chaque bourg, chaque hameau avait son oracle et ses sibylles, moins le trépied et moins le temple. Séduit et égaré par de frauduleuses manœuvres, le peuple écoutait ces prophètes, rêvant de leurs rêveries et prêt à s'insurger. La contagion du fanatisme n'épargna point Beaumont; une délibération datée de 1689 constate les manières excentriques d'individus soi-disant possédés du Saint-Esprit. Quelques membres de l'assemblée dénonçaient une intervention du malin esprit; d'autres, plus sages et plus clair-voyants, les accusaient de folie et demandaient leur internement dans l'hôpital de Valence. Cet avis ayant prévalu, la communauté vit disparaître un élément d'agitation qui aurait troublé l'harmonie et suspendu le travail de rénovation, en éveillant ici des haines, là des souvenirs non effacés (1).

(1) Archives de la commune.

Sous la cendre était cachée l'étincelle, et à la surface régnait un calme trompeur. Louis XIV n'avait pu obtenir autre chose ; à sa mort, les *prédicants* lèvent la tête, convient leurs coreligionnaires à secouer le joug, et, par des assemblée tenues aux environs de Bourdeaux et de Loriol, empêchent l'œuvre de la fusion. Les calvinistes de Beaumont ne prêtent qu'une attention distraite à ces assises d'une secte réduite aux abois. Ils tournaient leurs regards inquiets vers Marseille; la réquisition d'hommes enrôlés pour former un cordon sanitaire, la garde du village, mille bruits erronés, il y eut là matière à diversion pendant les années 1721 et 1722. Le sentiment du péril, le désir commun du bien-être ralliaient tous les habitants. Sur le terrain des besoins matériels, ils étaient unis, partageant les mêmes aspirations ; mais au point de vue de l'unité religieuse, les archives locales témoignent d'un état moins satisfaisant. Un grand nombre de convertis n'avaient point persévéré; l'ignorance, l'absence de conviction, les rapports avec Genéve, les voyages fréquents de ministres venant réchauffer le zèle de pauvres ouailles flottant entre l'erreur et la vérité, toutes ces causes minaient sourdement un édifice mal assuré.

Leur action délétère, Monseigneur de Milon la

retrace dans le procès-verbal d'une visite faite en
1731. A moitié découverte, à moitié encombrée,
l'église présentait un aspect désolant que ne rache-
taient ni l'élégance, ni la propreté du mobilier affecté
au service divin. L'autel, les vases sacrés, les orne-
ments, tout s'harmoniait avec les ruines du lieu
saint. Sur deux cents familles constituant la paroisse,
vingt seulement étaient catholiques; elles demeu-
raient à la campagne, à l'exception de quatre ou
cinq, d'ailleurs nécessiteuses et sans influence au
village. Les autres appartenaient à la catégorie des
nouveaux convertis. Ceux-ci participaient rarement
aux exercices du culte, travaillaient les jours de
fête, vivaient la plupart en concubinage et mou-
raient en huguenots. Indociles et entêtés, ils refusaient d'envoyer leurs enfants à l'école, se réunis-
saient en assemblées, recevaient des ministres prédicants, quêteurs adroits qui, sous le prétexte de
secourir des frères honteux, leur extorquaient des
sommes considérables. Une injonction de pourvoir à
la réparation de l'Eglise, puis des conseils, des avis,
des remontrances terminent ce précieux document,
tableau fidèle d'une époque de secousses à l'intérieur (1).

(1) Archives de la commune.

L'évêque de Valence ayant double qualité pour parler, car il était seigneur de Beaumont, son ordonnance ne demeura point à l'état de lettre morte. On dressa un plan dont l'exécution sauvait l'Eglise d'une ruine certaine, en relevant son enceinte primitive dans la mesure des besoins du culte et des exigences d'une allocation insuffisante. Le mémoire de l'architecte contient d'amples détails sur les mutilations commises en 1562. Les débris de la voûte jonchaient le sol à la hauteur de deux mètres ; de ce tas, mélange confus de pierres et de ciment pulvérisé, surgissaient quelques tronçons de piliers ; vers le chœur, trois seulement étaient debout et intacts. Les ouvriers déblayant le pavé rasèrent les fragments des quatre premières colonnes, du côté de l'entrée et dans la partie voisine du sanctuaire construisirent une voûte et un pilier ; mais le côté occidental, veuf de tout support, dut être muni d'un simple lambris. Trois croisées ouvertes, la reprise du mur latéral au-dessus de la porte du cloître, une toiture neuve et solidement établie complétèrent l'agencement projeté, d'où sortit l'église avec la physionomie que nous lui retrouvons de nos jours, sauf la ligne séparative mise là, ce semble, pour rappeler le mot célèbre : *Vérité au delà, erreur en deçà.* Victime, lui aussi, des passions du moment, le clocher ne recouvra ni sa parure architecturale, ni son couronnement abattu. Un exhaussement nu, privé de toute sculpture, un modeste toit à quatre pans remplacèrent l'étage croulé sous le marteau des vandales. Quoique tardives et vainement sollicitées depuis un siècle, ces réparations faites en 1748 préparaient l'oubli des haines et des rancunes, en voilant un douloureux souvenir (1).

Au dedans et au dehors se calmaient enfin les passions; plus rares étaient les passages de troupes; plus confiante devenait l'agriculture, base unique du bien-être à Beaumont. Ses produits, facilement écoulés, ramenaient l'aisance au foyer et l'animation aux campagnes. Doucement emportée par ce courant, la communauté subissait une heureuse transformation. Un tribut annuel de cent livres, imposé au fermier des foires, témoigne de leur rétablissement. Des dettes accumulées pendant si longtemps, des charges qui pesaient sur elle, du malaise auquel semblaient la river d'onéreux subsides, il ne restait qu'une vague impression s'en allant chaque jour. Dans le tableau des dépenses locales figurait encore, il est vrai, un article de dépenses extraordi-

(1) Archives de la commune.

naires, au profit de l'Etat ; mais peu gros de chiffres, il passait inaperçu ; c'était la levée des miliciens. Le sort désignait ceux des jeunes gens non mariés et hauts d'un mètre, soixante centimètres au moins, qui devaient être appelés sous le drapeau. Pour eux, le service durait un an ; pour eux, la désertion menait aux galères et non au toit paternel. Le contingent de Beaumont se réduisait à un milicien dont il fournissait l'équipement, à raison de trente-cinq livres, non compris une paire de souliers valant cinquante sols et une solde journalière de deux sols. Les lieux d'é- tape et de cantonnement pourvoyant à leur nourri- ture, ces miliciens augmentaient la force armée sans obérer le trésor.

Une existence monotone, une administration se mouvant dans la même sphère, voilà ce que désor- mais constateront les annales de Beaumont. Empreint d'une sollicitude parcimonieuse, le budget des char- ges communales révèle cependant une tendance à l'ampleur. Il était, en 1741, de deux cent trente- neuf livres, et en 1791, de quatre cent quatre-vingts livres. Cette marche ascensionnelle n'avait pas dit son dernier mot ; car aujourd'hui le budget s'élève à dix mille francs. Pour la comprendre et ne point crier au gaspillage, il faut nécessairement tenir compte du changement introduit dans les mœurs, de la dépréciation des valeurs monétaires, de l'extension du bien-être et de l'accroissement de la population. En 1765, sept cent soixante et dix habitants formaient la communauté; en 1794 ce nombre fut porté à neuf cent cinquante.

La révolution jeta Beaumont hors de ses voies; naguère paisible et confiant, il voyait la crainte, l'agitation et la misère venir à lui, hôtes inattendus qui refroidirent son enthousiasme quand les novateurs politiques lui annonçaient une ère de liberté, un âge d'or. Tout culte étant proscrit, l'église fut fermée, puis ouverte aux clubs de la *Société populaire,* sous le nom de *Temple de la raison*. Les cloches, les dépouilles d'un sanctuaire élevé au Dieu de la mansuétude avaient été transportées à Valence; on sait l'usage qu'en fit la Convention, ce pouvoir régnant par la terreur. Annexé d'abord au canton d'Etoile, Beaumont, à la suite d'une nouvelle division administrative, passa à celui de Valence et sans peine renoua les liens qui l'unissaient à sa ville épiscopale, devenu chef-lieu du département de la Drôme.

De l'état présent de cette commune ressort un témoignage solennel en faveur de sa prospérité. Dans l'intervalle d'un siècle, la population a doublé; elle est actuellement de 1414 habitants, dont 737 calvinistes et 677 catholiques. En 1765, elle se composait de 112 catholiques et de six cent cinquante six protestants. Ce mouvement de retour vers un point de départ non éloigné, ces conquêtes, au profit d'une religion chère aux aïeux des uns et des autres, un esprit léger ne les voit point ; mais à qui réfléchit, médite et observe, ils se présentent comme un enseignement fécond pour l'avenir. Le sol est riche, varié et arrosé par les eaux de la Véoure et de l'Ecoutay. Cultivé avec intelligence, ses produits constituent l'aisance générale. Le travail des champs est le travail de tous ; chacun demande à l'héritage de famille, aux occupations rurales, ces moyens d'existence que, dès le bas-âge, lui apprirent les leçons du foyer. L'industrie, sœur de l'agriculture, apporte aussi son contingent à la somme de bien-être ; ici des filatures, là des moulins à soie communiquent à Beaumont l'aspect d'un lieu privilégié cumulant plusieurs ressources vitales.

Le bruit, l'animation, le luxe d'une toilette moderne caractérisent les abords du village, autrefois morne et silencieux. Ce faubourg qui grandit et semble vouloir, de loin, tendre la main aux faubourgs de Valence, ce torrent encaissé, ces usines, ces maisons blanches, ce pont, cet antique portail surmonté d'une tour, forment une avenue pleine de grâce et de fraîcheur. Des ormeaux séculaires couvraient anciennement l'esplanade du *Resset;* là était le *Forum* de la communauté ; là venait s'ébaudir le peuple, oubliant, dans la liesse et le repos, les labeurs de la veille et les soucis du lendemain. Ce vide a été récemment comblé; poursuivant sans relâche et sans défaillance le plan d'améliorations et d'embellissements conçu par lui, un maire, M. Massonnet dotait le *Resset* d'une salle d'arbres espacés de manière à ne pas gêner la circulation.

Des exigences regrettables, au point de vue de l'histoire et de l'archéologie menacent, dit-on, la Grande-Porte, unique souvenir des fortifications et de la ceinture murée du village. Ce sacrifice a des convenances peut-être exagérées, l'administration saura l'écarter ; elle pèsera, dans la balance d'un patriotisme éclairé, les inconvénients, la valeur morale et le prestige de ce demeurant d'un autre âge. Une société de secours mutuels, trois écoles, des routes sillonnant la campagne, de belles fontaines, un budget s'ouvrant à tous les besoins, il y a là pour proclamer son zèle et nous autoriser à espérer que, gardiens des intérêts du présent et des gloires du passé, elle ne voudra point encourir le reproche de vandalisme. La Grande-Porte est du quinzième siècle; vue du côté du pont, ses tours et son profil

redisent une architecture contrastant avec la physionomie et les nuances des maisons voisines; mais
derrière elle subsiste l'harmonie; derrière elle subsiste le camp dont elle est comme la sentinelle avan-
cée. L'intérieur, malgré l'esprit d'innovation, con-
serve encore une large empreinte des temps féodaux;
on y aperçoit des rues étroites, des carrefours, des
portes chargées d'écussons, des logis façonnés d'a-
près le style de la Renaissance.

Au milieu de ces vestiges anciens qu'il domine,
apparaît un beau monument de l'art byzantin; c'est
l'église de Notre-Dame en deuil du prieuré, en deuil
de sa voûte et de sa nef. Le portail et la croisée de
la façade occidentale, la porte du cloître (1), des piliers flanqués de colonnes à demi-engagées, des
chapiteaux fouillés avec délicatesse, l'arcature du
sanctuaire et les fenêtres jumelles du clocher, tout
la rattache aux meilleures inspirations de la seconde
période romane. Elle a trente mètres de longueur
sur 13^m25 c. de largeur; l'enceinte se divisait en
trois nefs séparées entre elles par quatre piliers,
formant de chaque côté cinq travées. Les nefs laté-

(1) Du côté du prieuré, au Nord.

rales se terminaient en une abside élégante, et celle
du milieu en un mur droit.

De stupides modifications, couronnant l'œuvre
des démolisseurs du seizième siècle, ont profondé-
ment altéré le genre architectonique de l'église.
N'existent plus ni la croisée qui avait été percée au-
dessus de l'arceau du chœur, ni les deux ouvertu-
res pratiquées dans le mur oriental, entre la voûte
et l'arcature. Un zèle ignorant et peu soucieux des
effets d'ombre et de lumière a décrété leur suppres-
sion ; quant aux changements opérés en 1748, mar-
qués au coin d'un temps besogneux, ils soulèvent
une indulgente pitié. L'heure d'une complète res-
tauration semble approcher ; bâtir un temple à l'u-
sage des protestants et restituer l'église aux catholiques, serait satisfaire à un double besoin également
impérieux ; car les uns et les autres sollicitent
un agrandissement dont l'urgence ne saurait être
contestée. Dût-il ne point vouloir tenir compte des
motifs de justice, d'art et de convenance, le conseil
municipal sera, tôt ou tard, forcément conduit à
réaliser un projet d'ailleurs facile et souriant à la
population. Grâce au concours assuré de M. le Préfet, le conseil pourrait, sans trop de frais, doter le
culte réformé d'un édifice religieux, et mettre un

terme au douloureux spectacle d'une église scindée, abritant depuis 1806, ici, l'enseignement catholique, là, le prêche derrière une mince cloison ; d'un côté l'affirmation, de l'autre la négation.

FIN.

TABLE DES MATIÈRES.

CHAPITRE IV.

Valence, imp. de Chaléat, rue St-Félix.